BEI GRIN MACHT SICH IHR WISSEN BEZAHLT

Datenbanken und das Fünf-Phasen-Modell. Konzeptionierung und Planung

GRIN

Bibliografische Information der Deutschen Nationalbibliothek:

Die Deutsche Nationalbibliothek verzeichnet diese Publikation in der Deutschen Nationalbibliografie; detaillierte bibliografische Daten sind im Internet über http://dnb.d-nb.de abrufbar.

ISBN: 9783346377296
Dieses Buch ist auch als E-Book erhältlich.

© GRIN Publishing GmbH
Nymphenburger Straße 86
80636 München

Druck und Bindung: Books on Demand GmbH, Norderstedt Germany
Gedruckt auf säurefreiem Papier aus verantwortungsvollen Quellen

Das Buch bei GRIN: https://www.grin.com/document/1008691

Konzeptionierung und Planung einer Datenbank

von der Planung bis zur Realisierung

„Wie kann man von den ersten Entwürfen und Ideen bis hin zu den Anforderungen des zukünftigen Anwenders, eine effiziente Datenbankstruktur entwerfen?"

Hausarbeit

Vorgelegt dem Prüfungsausschuss des Fachbereichs

Facility Management

im 5. Semester

Immobilien- und Facility Management

Modul: FM – Software und Datenbanken

an der Fachhochschule Münster

Münster, den 01.03.21

Inhaltsverzeichnis

I. Abstract

Diese wissenschaftliche Arbeit befasst sich mit der Konzeptionierung und der Planung einer Datenbank. Angesichts dessen soll die Leitfrage beantwortet werden „Wie kann man von den ersten Entwürfen und Ideen bis hin zu den Anforderungen des zukünftigen Anwenders, eine effiziente Datenbankstruktur entwerfen?". Als Lösungsansatz wird das Fünf-Phasen-Modell zur Konzeptionierung und Planung einer Datenbank vorgestellt, welches in der Praxis als Anwendungshilfe in der Entwicklung einer Datenbank verwendet werden kann. Zu Beginn der wissenschaftlichen Arbeit werden für das Grundverständnis, die Charakteristika eines Datenbanksystems erläutert. Hierbei werden die Anforderungen eines Datenbankeinsatzes und der vereinfachte Aufbau eines Datenbanksystems durch wissenschaftliche Literatur dargelegt. Um die Herausforderungen bei der Konzeptionierung und Planung einer Datenbank zu verdeutlichen, werden ebenfalls die möglichen Probleme bei einem Datenbankeinsatz aufgegriffen, die besonders durch eine mangelhafte Planung verursacht werden können. Daraufhin werden die einzelnen Prozessschritte des Fünf-Phasen-Modelles näher veranschaulicht. Dabei zeigt die abschließende Zusammenfassung der Ausarbeitung, dass die Leitfrage bezüglich zur Konzeptionierung und Planung einer Datenbank, durch das Fünf-Phasen-Modell beantwortet werden kann. Die Ausarbeitung kann als Anwendungsorientierung für Prozessbeteiligte in der Konzeptionierung und Planung einer Datenbank dienen.

II. Abbildungsverzeichnis

1 Einführung in die Thematik

1.1 Ziel und Gang der Ausarbeitung

Das Ziel dieser Ausarbeitung ist es, die Leitfrage „Wie kann man von den ersten Entwürfen und Ideen bis hin zu den Anforderungen des zukünftigen Anwenders, eine effiziente Datenbankstruktur entwerfen?" zu beantworten. Dabei soll eine anwendungsorientierte Konzeptionierung und Planung von Datenbanken durch das Fünf-Phasen-Modell wiedergegeben werden, dass besonderen die Anforderungen des zukünftigen Anwenders berücksichtigt. Des Weiteren soll die Ausarbeitung die wesentlichen Merkmale einer Datenbank verdeutlichen, die unter anderem ebenfalls bedeutungsvoll für die Konzeptionierung und Planung einer Datenbank sind. Verwirklicht wird dies zu Beginn der Ausarbeitung durch die Erläuterung des Aufbaus eines Datenbanksystems. Ebenfalls wird es durch die Anforderungen und durch die Problematiken einer Datenbank veranschaulicht. Im Anschluss darauf werden die einzelnen Phasen des Fünf-Phasen-Modells zur Konzeptionierung und Planung einer Datenbank näher dargelegt. Zuletzt wird die Ausarbeitung dann auf der Basis der Charakteristika eines Datenbanksystems und dem Fünf-Phasen-Modell zur Planung und Konzeptionierung einer Datenbank in einer abschließenden Zusammenfassung komprimiert und mit einer kritischen Würdigung und einem Fazit abgeschlossen.

1.2 Kurzübersicht der Ausarbeitung

Die wissenschaftliche Ausarbeitung verdeutlicht, dass die Leitfrage mit dem Fünf-Phasen-Modell zur anwendungsorientierten Konzeptionierung und Planung einer Datenbank realisiert werden kann. Um die einzelnen fünf Phasen zur Konzeptionierung und Planung einer Datenbank erfolgreich zu durchlaufen, ist das Fachwissen von Experten und ein grundlegendes Verständnis der Anwender von Datenbanken notwendig. So sollte der grundlegende Aufbau eines Datenbanksystems ebenfalls von der Nutzerseite aus klar sein, um die Anforderungen für die Anforderungsanalyse besser definieren zu können. Zudem ist ein Grundverständnis über die grundsätzlichen Anforderungen an eine Datenbank und die Thematisierung der gängigen Problematiken bei einem Datenbankeinsatz erforderlich, um Fehleinschätzungen vorbeugen zu können. Dabei sollen die Anwender stets in die Prozessschritte der Konzeptionierung und Planung einer Datenbank mit eingebunden sein, um die Akzeptanz und die Zufriedenheit durch den Einsatz steigen zu können. Ebenfalls ist während der Konzeptionierung und Planung einer Datenbank, die laufende Dokumentation sowie der Einsatz von Verifikations- und Validationstechniken von hoher Bedeutung, denn so kann abschließend die Qualität im späteren Betrieb durch den Datenbankeinsatz für den Kunden und dessen Anforderungen garantiert werden.

2 Die Charakteristika eines Datenbanksystems

Nachfolgend werden die Charakteristika eines Datenbanksystems genauer erläutert, um ein vereinfachtes Verständnis zu vermittelt, wie ein Datenbanksystem grundsätzlich aufgebaut ist. Zudem werden die grundlegenden Anforderungen an eine Datenbank dargelegt sowie die Problematiken eines Datenbankeinsatzes. Dabei soll durch die Problematiken verdeutlicht werden, wo die grundlegenden Stolperfallen in der Planung und in dem Einsatz einer Datenbank liegen können.

2.1 Der Aufbau eines Datenbanksystems

Durch die Zunahme von Informationen werden immer mehr leistungsstärkere Rechner mit Programmsystemen benötigt, die ebenfalls die Speicherung und Verwaltung von Daten übernehmen können. Dieses Aufgabenfeld wird heutzutage durch den Einsatz eines Datenbanksystems ermöglicht. Es muss jedoch für das Verständnis beachtet werden, dass es sich bei den Begrifflichkeiten „Datenbank" und „Datenbanksystem" um zwei verschiedene Bedeutungen handelt. Das Datenbanksystem setzt sich dabei aus einer Kollektion von Datenbanken zusammen und besitzt ebenfalls verschiedene Datenmanagementsysteme (Kleinschmidt und Rank 2004). Eine Datenbank kann dabei im übertragenen Sinne als ein sicherer Aufbewahrungsort für wertvolle Informationen verstanden werden. Hierbei gilt die Aufgabe der Datenbank, die Informationen langfristig, strukturiert und vor allem sicher aufzubewahren, damit die Informationen ständig für einen oder mehrere Anwender abrufbar sind und nicht verloren gehen (Heuer et al. 2020). Zwischen der physischen Datenbank und dem Anwender liegt ein Datenmanagementsystem, welches aus einer Menge von Programmen besteht und die Verwaltung sowie den Zugriff auf die Daten in der Datenbank erst ermöglicht. Ein Datenbanksystem fasst dabei die beiden Komponenten zusammen. Somit besteht ein Datenbanksystem, wie in der Abbildung 1 zu sehen ist, aus einem Datenbankmanagementsystem und einer Datenbank (Schneider 2004).

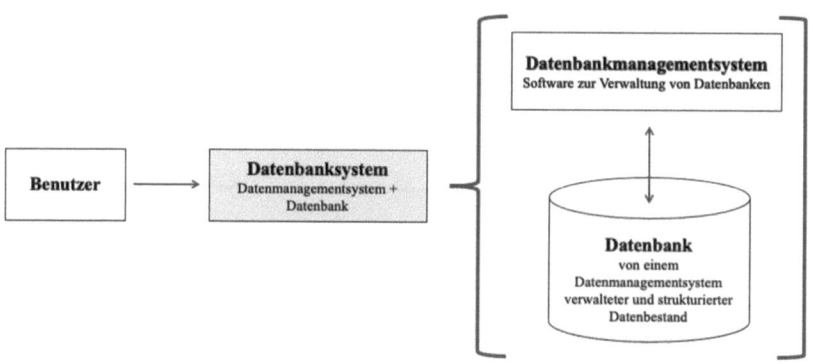

Abbildung 1: vereinfachter Aufbau eines Datenbanksystems

Um die Struktur einer Datenbank zu verdeutlichen, wird das Drei-Ebenen-Modell (siehe Abbildung 2) verwendet. Das Modell besteht aus der internen Ebene, der konzeptionellen Ebene und aus der externen Ebene. Die drei Ebenen sollen dabei die Unabhängigkeit bzw. die Trennung von den Daten und der Anwendungssoftware in einem Datenbanksystem veranschaulichen. Die interne Ebene beschreibt die physikalische Speicherstruktur einer Datenbank. Hier geht es um die Speicherung der Daten bzw. der Informationen (Kleinschmidt und Rank 2004). Die konzeptionelle Ebene kann als grundlegendes Regel- und Strukturwerk einer Datenbank verstanden werden (Schubert 2007). Die Ebene beschreibt dabei, die Erfassung der logischen Struktur der Datenbank für mehrere Anwender mit der Hilfe eines vom Datenmanagementsystem bereitgestellten Datenmodells. Beispielsweise wird hier der Aufbau der Datenbank mit den einzelnen Vorlagen und dessen Beziehungen festgelegt. Die externe Ebene umfasst die Ebene des individuellen Nutzers. So werden in der externen Ebene, die Benutzeransichten definiert. Hier können zum Beispiel Informationen individuell für den Anwender durch Ein- oder Ausgabemasken zusammengefasst oder ausgeblendet werden (Kleinschmidt und Rank 2004). Das Drei-Ebenen-Modell stellt somit zusammenfassend die vereinfachten Erscheinungsformen einer Datenbank dar (Schubert 2007). Die Betrachtung und das Verständnis des Aufbaus eines Datenbanksystems sind insbesondere für den Entwurfsprozess und für das Design einer Datenbank von hoher Bedeutung. Angesichts dessen ist die Betrachtung und das Verständnis des Aufbaus eines Datenbanksystems ebenfalls ein bedeutungsvoller Kernaspekt für eine erfolgreiche Konzeptionierung und Planung einer Datenbank (Saake u. a. 2018).

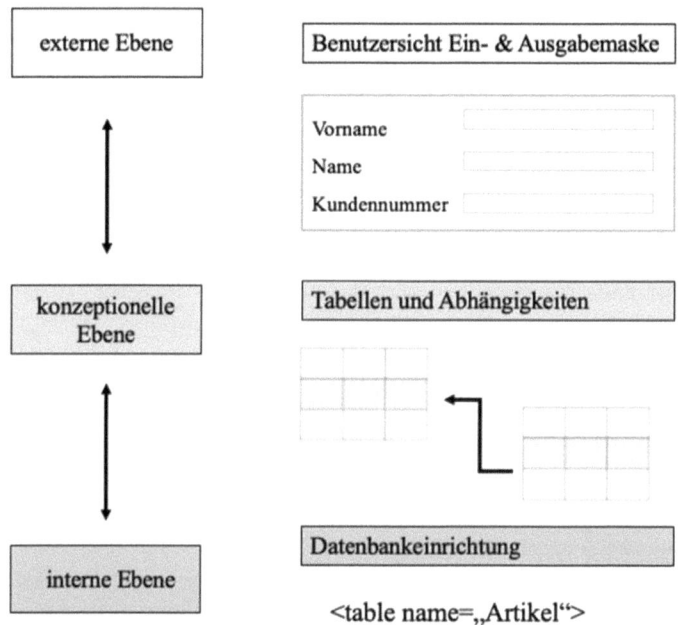

Abbildung 2: vereinfachte Veranschaulichung des Drei-Ebenen-Modells

2.2 Die Problematiken eines Datenbankeinsatzes

Trotz der Effizienz, die ein Datenbanksystem mit sich bringt, tauchen oftmals viele Stolperfallen auf, die besonders durch eine mangelhafte Konzeptionierung und Planung einer Datenbank hervorgerufen werden können. Da ein Datenbanksystem oft von mehreren Anwendern in Anspruch genommen wird, werden Daten oftmals unterschiedlich definiert. Dies sorgt unter anderem dafür, dass Redundanzen entstehen. So werden beispielsweise Daten wiederholt in unterschiedlichen Dateien abgespeichert. Dies hat zur Folge, dass ein erhöhter Verwaltungs- und Verarbeitungsaufwand entsteht, da in mehreren unterschiedlichen Dateien dieselben Informationen liegen. Ebenfalls sorgt es dafür, dass die Konsistenz der Daten nicht aufrecht gehalten werden kann und somit eine geringe logische Übereinstimmung der einzelnen Daten vorhanden ist. Infolgedessen ist es aufwendiger die Daten auszuwerten, da sie statt anwendungsneutral als anwendungsspezifisch angesehen werden und dadurch eine geringe Anpassungsfähigkeit aufweisen. Ein weiterer Punkt, der zu einem Problem führen kann, ist die Abhängigkeit der Daten zu den Anwendungsprogrammen. Wenn zum Beispiel der Aufbau einer Datei und dessen Daten verändert werden, so müssen ebenfalls alle Anwendungsprogramme, die darauf basieren, überarbeitet werden. Umgekehrt betrifft es auch die Dateien, wenn die Funktionalitäten der Anwendungsprogramme erweitert werden. Auch hier müssen die Dateien und ihr Aufbau an die Anforderungen der Anwendungsprogramme entsprechend angepasst werden. Die genannten Problematiken, die durch eine mangelhafte Planung und Datenorganisation entstehen, verdeutlichen damit noch einmal, dass die Daten ein wesentlicher Kernaspekt bei der Betrachtung von den späteren Anwendern sein müssen. Dabei müssen die Daten in einer Datenbank klar definiert werden. Ebenfalls müssen sie von allen Anwendern als integriertes Ganzes angesehen und verwaltet werden (Schneider 2004). Um dies zu ermöglichen, können Schulungen eingesetzt werden, die die Anwender mit der Funktionsweise eines Datenbanksystems vertraut machen. Die Schulung kann ebenfalls dabei verhelfen, dass die Akzeptanz des Anwenders im späteren Betrieb gesteigert wird (Nävy 2018). Somit zeigen die Problematiken abschließend, dass viele Herausforderungen im späteren Datenbankeinsatz durch eine mangelhafte Planung und Datenorganisation verursacht werden können. Angesichts dessen ist es besonders bedeutend, diese Herausforderungen schon während der Konzeptionierung und Planung einer Datenbank mitzuberücksichtigen.

2.3 Die Anforderungen und Ziele eines Datenbankeinsatzes

Nachdem der Aufbau und die Problematiken eines Datenbanksystems genauer betrachtet wurden, werden nun die Anforderungen und Ziele eines Datenbankeinsatzes genauer erläutert. Wie schon vor ab erwähnt, ist eine Datenbank eine integrierte und strukturierte Sammlung von Daten, die von verschiedenen Anwendern gemeinsam verwendet werden kann. Dabei gilt besonders in der Planung zu beachten, dass die Datenbank anwendungsneutral in der Gesamtansicht ist und die natürlichen Zusammenhänge der Anwendungswelt widerspiegelt. Insbesondere muss eine Datenbank so gestaltet werden, dass sie keine zufällige Anordnung von Daten darstellt, sondern eine logische Zusammenstellung von betreffenden Daten in einer schnellen Abfrage abbildet. Hierbei ist es besonders bedeutend, dass die Daten in einer Datenbank redundanzfrei abgespeichert werden (Schneider 2004). Somit wird insbesondere von einer Datenbank gefordert, dass sie widerspruchsfrei beziehungsweise konsistent ist (Bühler et al. 2019). Eine weitere Anforderung ist, dass nur wesentliche und wichtige Daten langfristig und sicher in den externen Speichermedien aufbewahrt werden und verfügbar sind. Ebenfalls müssen die Daten so organisiert werden, dass alle Anwendungsprogramme und Anwender sie ohne Einwand zeitgleich nutzen können. Auch ein Systemabsturz oder ein unautorisierter Zugriff darf die Sicherheit einer Datenbank nicht gefährden (Schneider 2004). Zudem muss eine Datenbank einen unabhängigen Zugriff bezüglich der Anwendungsprogramme aufweisen. Dies bedeutet, dass die gespeicherten Daten auch unabhängig von einem spezifischen Programm gelesen werden können. (Kleinschmidt und Rank 2004). Damit ein Datenbankeinsatz letzten Endes den Anforderungen des späteren Anwenders gerecht wird, ist es von hoher Bedeutung, dass die Anwender mit ihren Anforderungen und Wünschen frühzeitig im Austausch mit den Datenbankentwicklern stehen, denn die Anforderungen haben einen erheblichen Einfluss auf die Struktur eines Datenbanksystems. So können die Anforderungen darüber entscheiden, welche Merkmale und Funktionen ein Datenbanksystem später verfügen wird. Angesichts dessen ist es essenziell, eine sorgfältige Erhebung der individuellen Nutzeranforderungen durchzuführen. Die Ergebnisse sollen dann schließlich mit in die Planung und die Entwicklung einer Datenbank einbezogen werden. Somit kann unter anderem die Zufriedenheit der

Anwender abschließend durch die Einbeziehung der Anforderungen garantiert werden (Unland und Pernul 2014).

3 Die Konzeptionierung und Planung einer Datenbank

Datenbanksysteme spielen nach wie vor eine wichtige Schlüsselrolle für viele Unternehmen, denn ein Unternehmen kann sich nur dann am Markt behauptet, wenn es eine sehr gute Datenhaltung aufweisen kann. Um dies zu ermöglichen, ist eine gute Konzeptionierung und Planung einer Datenbank notwendig. Eine effiziente Planung und Erstellung einer Datenbank erfolgt in der Regel in mehreren Phasen und muss gemeinsam mit den Kunden und mit dem Datenbankdesigner vorab abgestimmt werden. Dabei muss beachtet werden, dass der Datenbankdesigner ausreichend technische Kompetenz aufweisen kann, denn falsche Entwurfsentscheidungen können erhebliche Auswirkungen auf die Leistung einer Datenbank haben. Diese Auswirkungen können dann später nur noch mit einem erhöhten Aufwand korrigiert werden (Unland und Pernul 2014). Beispielsweise gilt es vorab in der Planung zu klären, welche Informationen überhaupt für die spätere Bearbeitung und Verwaltung gespeichert werden sollen. Angesichts dessen muss ebenfalls der Umfang der gespeicherten Daten bestimmt werden (Herrmann 2018). In der Abbildung 3 wird das Fünf-Phasen-Modell vorgestellt, welches zur Konzeptionierung und Planung einer Datenbank verwendet werden kann. Die Phasen im Modell sind wiederum durch unterschiedliche Teilaktivitäten strukturiert. Dabei werden die einzelnen Phasen durch die Lebenszyklusphasen einer Datenbank identifiziert (Unland und Pernul 2014).

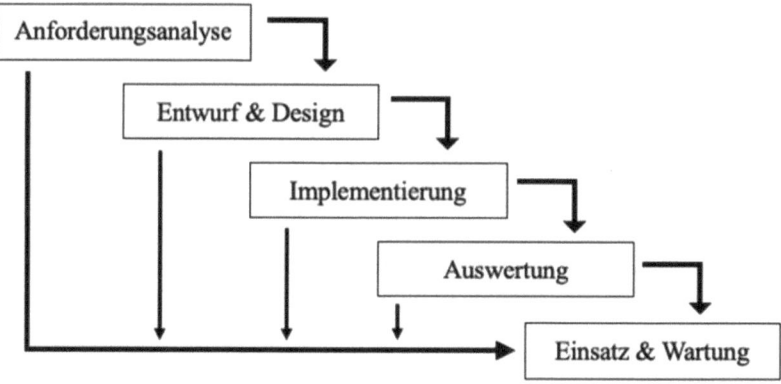

Abbildung 3: Die fünf Phasen zur Konzeptionierung & Planung einer Datenbank

Begleitend zu den Phasen ist es vorteilhaft, wenn permanent Verifikations- und Validationstechniken eingesetzt werden. Darunter versteht man die Prüfung der Ergebnisse der Entwurfsphasen auf die Korrektheit und die Vollständigkeit. Anhand dessen lässt sich erkennen, ob auch alle Anforderungen tatsächlich durch die entwickelte Datenbank wiedergegeben werden können. Um diese

Qualitätssicherung gewährleisten zu können, werden häufig bewährte Methoden verwendet. Zum einen wird die formale Verifikation angewendet. Hierbei basiert das Datenbankmodell auf klare mathematische Semantik, die es ermöglicht, sowohl manuelle als auch computerunterstützende Verfahren zur formalen Spezifikation und der nachfolgenden Verifikation einzusetzen. Außerdem werden experimentelle Prototypen vor der endgültigen Implementierung verwendet. Hierbei können die späteren Nutzer die Richtigkeit des Entwurfs ebenfalls evaluieren. Eine weitere Möglichkeit ist, dass man mit der Hilfe eines statistischen Testverfahrens die Richtigkeit des Entwurfs durch künstliche oder reale Testdaten an den Prototypen testet. Ebenfalls ist ein entscheidender Faktor für die Qualitätssicherung, die laufende Dokumentation des Entwurfsprozesses sowie die Erstellung eines Dokuments, welche alle Aktivitäten des gesamten Datenbanksystems beinhaltet, die parallel zu dem Entwicklungsprozess erfolgen. Die detaillierte Dokumentation dient dabei als Stütze für alle wichtigen Entwurfsentscheidungen und für die Modifikation des Datenbanksystems (Unland und Pernul 2014).

3.1 Nutzen- und Anforderungsanalyse

Die erste Phase des Modells zur Konzeptionierung und Planung einer Datenbank, ist die Nutzen- und Anforderungsanalyse. Dabei ist die sorgfältige Erhebung der Nutzeranforderungen und dessen Analyse eine Grundvoraussetzung für den Entwurf einer effizienten Datenbank, denn die Anforderungen bestimmen letztendlich die grundlegenden Basiselemente des zukünftigen Datenbanksystems (Unland und Pernul 2014). Eine sorgfältige Erhebung kann ebenfalls spätere Nachbearbeitungen und enorme Zeit- und Kostenaufwände für den Kunden ersparen. Außerdem kann durch die frühe Einbindung des Anwenders und durch die detaillierte Anforderungsanalyse, dem Kunden eine Übersicht darüber verschafft werden, wie hoch letztendlich der Kosten- und Leistungsumfang durch den Datenbankeinsatz sein wird. Die Anforderungen können beispielsweise durch Befragungen in Form von Interviews oder Fragebogen identifiziert werden. Dabei werden unter anderem auch wichtige Aspekte wie zum Beispiel die Struktur der Datenbank, das Budget des Kunden, die zeitlichen Ziele des Projekts oder die technische Infrastruktur des zukünftigen Anwenders identifiziert (Riedel 2020). Der Einbezug der zukünftigen Anwender in die Anforderungsanalyse kann zudem unmittelbar dafür sorgt, dass die Anwender eine höhere Akzeptanz für den Datenbankeinsatz empfinden, da sie vom Entwurfsprozess an, mit eingebunden sind und Entwurfsentscheidungen mitbestimmen dürfen. Ebenfalls wird dadurch das betriebliche Fachwissen von den zukünftigen Anwendern in die Entwurfsentscheidung mit eingegliedert. Ermöglicht wird dies durch eine einwandfreie Kommunikation zwischen dem Anwender und dem Datenbankdesigner. Wenn die Anforderungen bestimmt sind, werden sie schließlich in einem Anforderungsdokument festgehalten. Das Anforderungsdokument dient dabei zur Konzeptualisierung aller Daten, die in einer Datenbank verwaltet werden sollen. Außerdem wird schließlich durch das Anforderungsdokument überprüft, ob die Planungsprozesse richtig bearbeitet werden und die Qualität für den Kunden garantiert werden kann (Unland und Pernul 2014).

3.2 Entwurf und Design

Die nachfolgende Phase des Modells setzt sich mit dem Entwurf und mit dem Design des Datenbanksystems auseinander. Dabei geht es im Wesentlichen darum, die Struktur der Datenbank anhand des Anforderungsdokuments zu definieren (Herrmann 2018). Beispielsweise wird hier entschieden, ob es sich um eine relationale oder objektorientierte Datenbank handeln soll (Riedel 2020). Mit der Hilfe des Anforderungsdokuments werden in der Phase alle Anforderungen zu einer einheitlichen Spezifikation zusammengefasst und schließlich durch ein semantisches Datenmodell grafisch dargestellt (Herrmann 2018). Hierbei ermöglicht das semantische Datenbankmodell, dass die Information aus der Realität wahrheitsgetreu, präzise und möglichst umfassend für die Anwender durch ein Strukturierungsprinzip darstellt werden. Es muss jedoch beachtet werden, dass es nicht genügt, alle Anforderungen im Dokument einfach zusammenzufassen und dann in ein konzeptuelles Schema darzustellen, denn oftmals werden Anforderungen von den Anwendern unterschiedlich definiert oder verstanden. Dies kann dazu führen, dass ein bestimmter Sachverhalt unterschiedlich modelliert wird. Um bei einem Entwurf zielführend vorzugehen, ist es daher sinnvoll, die individuellen Anforderungen aus dem Anforderungsdokument in ein semantisches Schema zu transformieren, welches dann für jede Anwendergruppe eine Sichtweise auf die Datenbasis repräsentiert. Schließlich werden dann die unterschiedlichen Sichtweisen zu einem konzeptuellen Hauptschema zusammengefasst, in der Überlappungen, Konflikte, Homonyme und Synonyme bereinigt sind. Das am häufigsten verwendete semantische Datenmodell ist das Entity-Relationship-Modell. Hier liegt der Schwerpunkt auf die strukturelle Analyse der Anforderungen (Unland und Pernul 2014). Dabei wird der darzustellende Ausschnitt durch Entitätstypen, in dem Sinne durch Informationsobjekte und deren Beziehungen untereinander dargestellt. Das Ergebnis ist ein Datenbankmodell (siehe Abbildung 4), dass die Zusammenhänge der Datenwelt in einem vereinfachten, strukturierten und redundanzfreien Entity-Relationship-Diagramm veranschaulicht (Preiß 2007).

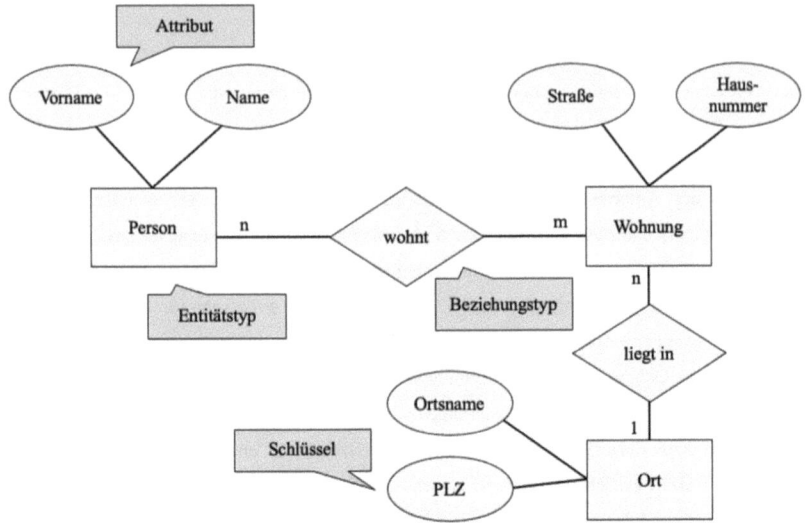

Abbildung 4: vereinfachtes Entity-Relationship-Diagramm

Dennoch wird die Funktionssicht eines Anwendungssystems hier nicht berücksichtigt. Da die funktionalen Aspekte jedoch nicht immer vernachlässigt werden dürfen, gibt es noch weitere Modellbildungen, die sowohl die statischen als auch die funktionalen Elemente einer Anwendung beim Entwurf eines konzeptuellen Datenbankschemas berücksichtigen. Angesichts dessen muss das Datenmodell nach den Bedürfnissen der Anwender angepasst beziehungsweise ausgewählt werden. Nachdem man sich auf ein Datenmodell festgelegt hat, folgt der logische Entwurf. Hier erfolgt die Transformation des konzeptuellen Datenmodells in ein logisches Datenmodell. Dieser Vorgang wird auch als physisches Design bezeichnet. Trotz der vielen Modelle sind die Methoden und Techniken des konzeptuellen Datenbankentwurfs nicht immer vollkommen, denn ständig werden neue Denkansätze veranschaulicht. Beispielsweise werden Analysen und Modellierungen von Geschäftsprozessen immer mehr bei dem Datenbankentwurf miteinbezogen. Bei dem Entwurf eines Datenbanksystems ist es zudem wichtig, dass bei der Modellbildung die Daten und dessen Beziehungen und Strukturen in der Betrachtung der Realitätsausschnitte eindeutig sind. Ebenfalls müssen gemeinsame Eigenschaften von Objekten bekannt und auch klar definiert sein. Ein weiterer Punkt ist die Klarstellung der zentralen Komponenten einer Anwendung mit dessen Objekttypen oder Beziehungstypen. Außerdem sollen Integritätsbedingungen möglichst identifiziert und definiert werden. Gleichfalls muss Klarheit darüber verschafft werden, welche Objekttypen als Operation ausgeführt werden können und welche betrieblichen Vorgänge überhaupt modelliert werden sollen. Angesichts dessen ist eine frühzeitige und genaue Absprache mit dem zukünftigen Anwender bezüglich der betrieblichen Vorgänge für eine erfolgreiche Modellierung notwendig (Unland und Pernul 2014).

9

3.3 Implementierung

Nach der Entwurfs- und Designphase folgt die Implementierung. In der Implementierung findet die Festlegung der Datenbankstruktur und die Programmierung statt. Dabei werden durch die Integration von kleinen Teilprogrammen ein großes Programm erstellt, doch bevor die tatsächliche Implementierung der Datenbank erfolgt, kann mit der Hilfe von bestimmten Tools im Rahmen des Entwurfsprozesses, vorab ein vereinfachter Prototyp der gewünschten Datenbank erstellt werden. Wenn dort keine Unstimmigkeiten auftauchen, dann kann nach den Testphasen, die Implementierung der Datenbank erfolgen. Für die Implementierung muss das logische Datenmodell vorliegen, dann kann unter der Verwendung einer Datendefinitionssprache des Datenbanksystems (z.B. Java), das Datenmodell implementiert werden. Beispielsweise werden in der Implementierung, sobald die Schemata angelegt sind, die Zugriffsrechte für die einzelnen Anwender festgelegt. Ebenfalls werden Primärindizes sowie Sekundärindizes festgelegt, um die Eindeutigkeit zu gewährleisten und die Antwortzeit von Abfragen zu beschleunigen. Außerdem werden Anwendungsprogramme geschrieben, die die Funktionen der Datenbankanwendungen sicherstellen (Unland und Pernul 2014). Nichtsdestotrotz können Datenbanken bei einem großen Umfang an Informationen komplex werden. Deshalb ist es von hoher Bedeutung, dass man besonders für zukünftige Ergänzungen und für die Verwendung der Datenbank, wichtige Funktionen, Transaktionen, Tabellendefinitionen, Beziehungen und Zugriffsrechte ausführlich während der Implementierung dokumentiert. Der Grund für die detaillierte Dokumentation ist die Zeiteinsparung, denn bei einer gewissen Größe, kann es sehr zeitaufwendig werden, die Anwendungen zu warten oder Erweiterungen zu programmieren, wenn der Umfang der Datenbank unklar ist. Die Dokumentierung ermöglicht es dabei, die Struktur der Datenbank besser nachvollziehen zu können. Ebenfalls ist die Dokumentation für den zukünftigen Anwender sinnvoll, denn die Dokumentation kann als Handbuch verstanden werden, welches man verwenden kann, wenn die Abfrage von bestimmten Informationen nicht gelingt. Angesichts dessen muss die Dokumentation auch einzelne Attribute inklusive der Wertebereiche beinhalten. Besonders hilfreich ist es, wenn für jede Bildschirmmaske eine Hilfefunktion vorhanden ist und für jedes Feld automatisch ein Hilfetext angezeigt wird. Um das Verständnis der Dokumentation für die Anwender sicherzustellen, ist es ratsam ein vereinfachtes Dokument für den Benutzer und ein fachspezifisches Dokument für den Programmierer zu erstellen. Der Prozessschritt der detaillierten Dokumentation kann ebenfalls den späteren Betrieb sowie die Wartung und Pflege einer Datenbank erheblich erleichtern. Aufgrund dessen ist eine detaillierte Dokumentation ebenfalls erforderlich für eine erfolgreiche Konzeptionierung und Planung einer Datenbank (Steiner 2009).

3.4 Auswertung

Die nächste Phase in dem Modell ist die Auswertung. In der Phase geht es darum festzustellen, ob die Anforderungen des Anwenders durch die Planung und Entwicklung der Datenbank tatsächlich erfüllt werden. Das Hauptziel bei einem Datenbankeinsatz ist, dass der zukünftige Anwender bezogen auf den finanziellen Rahmen, mit dem Datenbankeinsatz zufriedengestellt wird. Die Auswertungen können dabei durch bestimmte Testabläufe vollzogen werden. Beispielsweise kann so überprüft werden, ob typische Arbeitsabläufe mit möglichen Grenzsituationen und Fehleingaben korrekt behandelt werden (Unland und Pernul 2014). Dabei ist es besonders ratsam, wenn die Tests von zukünftigen Anwendern durchgeführt werden, denn durch die Evaluierung der späteren Benutzer, können spätere betriebliche Situationen besser nach simuliert werden (Riedel 2020). Die Auswertung kann auch als feinschliff der entwickelten Datenbank verstanden werden. Die Aufgabe der Auswertung besteht darin, Systemfehler oder grundsätzlich Unstimmigkeiten zu identifizieren. Falls Unstimmigkeiten zum Beispiel durch Programmierfehler oder Systemfehler auftreten, so müssen diese in der Implementierung wieder behoben werden. So erfolgt eine neue Implementierung und anschließend eine neue Auswertung, bis letztendlich die Datenbank allen Anforderungen des Anwenders gerecht werden kann. Angesichts dessen können die Implementierung und die Auswertung auch nicht als einmaliger Prozessschritt verstanden werden, da sich die Datenbankstruktur durch neue betriebliche Anforderungen stetig ändern kann. Zusammenfassend dient die Auswertung als Qualitätsprüfung. Hierbei soll sichergestellt werden, dass die entwickelte Datenbank die Anforderungen und Erwartungen des zukünftigen Anwenders erfüllen kann (Unland und Pernul 2014).

3.5 Einsatz und Wartung

Die letzte Phase des Modells besteht aus dem Einsatz des entwickelten Datenbanksystems nach einer erfolgreichen Testphase. Doch vor der ersten Inbetriebnahme der Datenbank, müssen die notwendigen Daten für den Anwender und für den Betrieb eingepflegt sein. In den meisten Fällen sind hierbei bereits Datenbestände vorhanden, die noch in ein bestimmtes Datenformat umgewandelt werden müssen. Sobald die Daten eingepflegt sind und eine Testphase vollzogen wurde, kann mit dem Betrieb gestartet werden. Für einen erfolgreichen Betrieb ist es von hoher Bedeutung, dass die Anwender mit dem Datenbanksystem vertrau sind. Um dies zu ermöglichen, können Schulungen eingesetzt werden (Nidzwetzki 2016). Nach dem Einsatz beginnen bereits die Wartungen und die Pflege des Datenbanksystems beziehungsweise der Datenbank. Hier werden beispielsweise Entwurfsfehler korrigiert. Die Wartung umfasst neben der Fehlerbehandlung auch die Anpassung der Datenbank an die veränderten betrieblichen Bedingungen (Unland und Pernul 2014). Dabei werden Optimierungen zum Beispiel durch Updates, Hotfix oder Hotkeys durchgeführt, um den neuen Anforderungen gerecht zu werden (Riedel 2020). Außerdem kann durch die Wartung frühzeitig erkannt werden, ob die Speicherkapazität der Datenbank oder grundsätzlich die Abfragemerkmale noch einmal angepasst werden müssen. Die Wartung setzt dabei fundierte Fachkenntnisse des verwendeten Datenbanksystems voraus (Kleuker 2016). Die Pflege beinhaltet unter anderem auch Aspekte der Datenpflege, dabei sollte die laufende Aktualisierung der Dateninhalte und -strukturen im Vordergrund stehen. Es muss jedoch sichergestellt werden, dass deren zeitliche Entwicklung ebenfalls nachvollzogen werden kann. Beispielsweise können ebenfalls in der Wartung Zugriffsrechte und Aktualisierungsrechte neu angepasst werden (Fischer 1992). Was das Thema Kosten angeht, so sollte klar sein, dass die Kosten für die Implementierung und Wartung in der Regel die Entwurfskosten übersteigen. Aufgrund dessen ist äußerst wichtig zu beachten, dass ebenfalls in den vorherigen Phasen zur Konzeptionierung und Planung einer Datenbank detailliert dokumentiert wird. Eine vollständige Dokumentation der Entwurfsentscheidungen und der technischen Modularisierungen, kann letztendlich spätere Aufwendungsarbeiten minimieren und somit Kosten für den Kunden einsparen (Saake et al. 2018).

3.6 Kurze Zusammenfassung des Fünf-Phasen-Modells

Das Fünf-Phasen-Modell beginnt mit deiner detaillieren Anforderungserhebung und -analyse. Hier ist es besonders wichtig, dass die Anforderungen von der Kundenseite aus, klar definiert werden und dann in einem Anforderungsdokument festgehalten werden. Daran schließt sich die konzeptuelle Entwurfs- und Designphase an, die eine Konzeptualisierung aller vom Datenbankmanagementsystem verwalteten Daten und die Abbildung des konzeptuellen Datenmodells zum Ziel hat. Bevor das Datenmodell und die Anwendungsprogramme implementiert werden, soll die Qualität beziehungsweise die Beschaffenheit des Entwurfs anhand eines Prototyps evaluiert werden. Nach der Implementierung und einer Testphase erfolgt der Datenbankeinsatz. Danach folgt unmittelbar die Wartungsphase. Begleitend zu allen Phasen der Planung einer Datenbank ist es sinnvoll Verifikations- und Validationstechniken einzusetzen. Dabei sollen jegliche Entwurfsentscheidungen festgehalten und dokumentiert werden.

4 Zusammenfassung der Ausarbeitung

Zusammenfassend verdeutlicht die wissenschaftliche Ausarbeitung, dass eine erfolgreiche anwendungsorientierte Konzeptionierung und Planung einer Datenbank, mit der Hilfe des Fünf-Phasen-Modells realisiert werden kann. Somit kann auch die Leitfrage „Wie kann man von den ersten Entwürfen und Ideen bis hin zu den Anforderungen des zukünftigen Anwenders, eine effiziente Datenbankstruktur entwerfen?" durch das Fünf-Phasen-Modell beantwortet werden. Um die Phasen des Modells in der Praxis erfolgreich zu durchlaufen, ist es besonders wichtig, dass der spätere Nutzer von Beginn an, in allen Phasen zur Konzeptionierung und Planung einer Datenbank mit einbezogen wird. Durch die Einbeziehung und durch das Mitwirken der Anwender kann die Akzeptanz und das Verständnis zu dem Datenbanksystem gesteigert werden. Besonders das Verständnis über den grundlegenden Aufbau eines Datenbanksystems kann hilfreich sein, da so die Anwender die Einführungs- und Änderungsprozesse in der Konzeptionierung und Planung einer Datenbank mit unterstützen oder gestalten können. Durch die Thematisierung der Problematiken, die besonders durch eine mangelhafte Planung eines Datenbankeinsatzes verursacht werden können, soll widergespiegelt werden, wo grundsätzlich die

Stolperfallen liegen und wie diese in der Planung vermieden werden können. Beispielsweise ist die Betrachtung der Daten und die Datenorganisation besonders wichtig, um spätere Redundanzen und draus resultierende Aufwendungsarbeiten vermeiden zu können. Eine gute Datenorganisation kann dafür sorgen, dass die Datenbank letzten Endes konsistent beziehungsweise widerspruchsfrei ist. Verbunden damit, müssen die Anwender geschult werden, damit im späteren Betrieb kein erhöhter Verwaltungs- und Verarbeitungsaufwand entsteht. Die darauffolgende Thematisierung der Anforderungen und Ziele eines Datenbankeinsatzes verdeutlichen noch einmal, welche Anforderungen in der Planung priorisiert werden müssen, um später die gewünschte Effizienz durch den Einsatz erzielen zu können. Das Fünf-Phasen-Modell soll dabei allen Beteiligten in der Konzeptionierung und Planung einer Datenbank als Leitfaden dienen, da die Prozessschritte sehr anspruchsvoll sein können. Dabei ist es besonders wichtig, dass während den Phasen laufend dokumentiert wird und das Anforderungsdokument ständig miteinbezogen wird. Besonders durch die permanente Dokumentation können spätere Aufwendungsarbeiten schneller bearbeitet werden. Das Anforderungsdokument kann ebenfalls dazu beitragen, dass die Anforderungen der Anwender, stetig im Vordergrund bei der Entwicklung einer Datenbank stehen. Ebenfalls ist es wichtig, dass die prozessbeteiligten Datenbankdesigner und Programmierer ausreichend Fachkompetenzen verfügen, denn falsche Entwurfsentscheidungen haben erhebliche Auswirkungen auf die Leistung einer Datenbank. Außerdem ist es besonders hilfreich, wenn zu allen fünf Phasen der Konzeptionierung und Planung einer Datenbank, die Verifikations- und Validationstechniken eingesetzt werden, damit die Qualität der entwickelten Datenbank geprüft werden kann. Mit der Qualität der entwickelten Datenbank kann der Anwender dann letzten Endes unter der Berücksichtigung und Erfüllung seiner Anforderungen zufriedengestellt werden.

5 Kritische Würdigung

Nachfolgend wird die Ausarbeitung kritisch betrachtet. Die beschriebenen Prozesse zur Konzeptionierung und Planung einer Datenbank, die in der Ausarbeitung durch das Fünf-Phasen-Modell beschrieben werden, können in der Realität nicht immer eine Anwendung finden. Die Ursache dafür ist, dass die Phasen nicht ständig konsequent nacheinander abgearbeitet werden können, da ständig Probleme in einer nachfolgenden Phase auftauchen können, die dann in einer vorherigen Phase wieder behoben werden muss. Wie bereits erwähnt, passiert dies oft in der Auswertungsphase des Fünf-Phasen-Modells. Wenn beispielsweise in der Auswertung Programmierfehler auftauchen, so müssen erneut einzelne Aspekte in der Implementierungsphase bearbeitet werden. Zudem kann es sein, dass gewisse Anforderungen schon in der Anforderungsanalyse, trotz einer Angleichung, falsch definiert oder verstanden werden, die dann letzten Endes für Fehler in der Auswertung sorgen. So müsste man hier alle Phasen wieder zurücklaufen, um das Problem an der Wurzel zu beseitigen. Dementsprechend können nicht immer alle Phasen chronologisch durchlauft werden. Ebenfalls ist zu beachten, dass jegliche Datenbanksysteme an die Anforderungen ihrer individuellen Kunden angepasst werden. In dem

Sinne kann von dem Aufbau und von der Struktur jedes Datenbanksystem individuell sein. Dies kann dafür sorgen, dass weitere Schritte oder Prozessphasen in der Konzeptionierung und Planung einer Datenbank benötigt werden und die wesentlichen fünf Phasen nicht ausreichen. Ein weiterer Kritikpunkt ist, dass in dem Fünf-Phasen-Modell zur Konzeptionierung und Planung einer Datenbank davon ausgegangen wird, dass die Anforderungen und Wünsche der Kunden sich im Laufe der Phasen und nach der Abschließung der Anforderungsanalyse, nicht mehr ändern. Es werden lediglich betriebliche Veränderungen berücksichtigt, die neue Anforderungen verursachen. Doch in der Realität kommt es oftmals dazu, dass Kunden von heut auf morgen ganz andere Vorstellungen und Wünsche haben, oder sogar nachträgliche Wünsche erst in den späteren Phasen entdecken, somit müsste man hier wieder erneut Phasen zurückspringen, um Änderungen vornehmen zu können. Deshalb ist aus den genannten Gründen die kritische Betrachtung der wissenschaftlichen Ausarbeitung angebracht.

6 Abschließendes Fazit

Zusammenfassend verdeutlicht die wissenschaftliche Arbeit, dass eine anwendungsorientierte Konzeptionierung und Planung einer Datenbank mit dem Fünf-Phasen-Modell realisiert werden kann. Somit kann die Leitfrage „Wie kann man von den ersten Entwürfen und Ideen bis hin zu den Anforderungen des zukünftigen Anwenders, eine effiziente Datenbankstruktur entwerfen?" durch die Verwendung des Fünf-Phasen-Modells beantwortet werden. Um das Fünf-Phasen-Modell zur Konzeptionierung und Planung einer Datenbank von den ersten Ideen und Entwürfen bis zur Realisierung erfolgreich zu durchlaufen, ist das Fachwissen von Experten und ein grundlegendes Verständnis der zukünftigen Anwender notwendig. Dabei kann eine effiziente Datenbankstruktur unter der Berücksichtigung einer einwandfreien Kommunikation zwischen den Datenbankentwicklern und der zukünftigen Anwender, entwickelt werden. Die Anwender und ihre Anforderungen sollen dabei stets mit in die Phasen eingebunden werden. Die Einbindung kann unmittelbar dafür sorgen, dass die Anwender sich mit dem Datenbanksystem vertraut fühlen und eine gewisse Akzeptanz entsteht. Durch die Unterstützungselemente wie zum Beispiel die Verifikations- und Validationstechniken und besonders durch die detaillierte Dokumentation aller Planungsprozesse im Modell, kann die Qualität der entwickelten Datenbank für den zukünftigen Anwender garantiert werden. Die Qualitätssicherung sorgt unmittelbar dafür, dass der Anwender mit einem erfolgreichen Datenbankeinsatz im Betrieb zufrieden gestellt werden kann. Angesichts dessen stellt die Ausarbeitung abschließend eine anwendungsorientierte Konzeptionierung und Planung einer Datenbank durch das Fünf-Phasen-Modell dar.

.

III. Literaturverzeichnis

Bühler, Peter/Patrick Schlaich/Dominik Sinner (2019): *Datenmanagement: Daten – Datenbanken – Datensicherheit*, New York, Vereinigte Staaten: Springer Publishing.

Fischer, Joachim (1992): *Datenmanagement: Datenbanken und betriebliche Datenmodellierung*, Reprint 2018., München, Deutschland: De Gruyter Oldenbourg.

Herrmann, Frank (2018): *Datenorganisation und Datenbanken: Praxisorientierte Übungen mit MS Access 2016*, 1. Aufl. 2018., Wiesbaden, Deutschland: Springer Vieweg.

Heuer, Andreas/Gunter Saake/Kai-Uwe Sattler/Holger Meyer/Hannes Grunert (2020): *Datenbanken: Kompaktkurs*, Frechen, Deutschland: mitp.

Kleinschmidt, Peter/Christian Rank (2004): *Relationale Datenbanksysteme: Eine praktische Einführung*, New York, Vereinigte Staaten: Springer Publishing.

Kleuker, Stephan (2016): *Grundkurs Datenbankentwicklung: Von der Anforderungsanalyse zur komplexen Datenbankanfrage*, 4., aktualisierte und überarb. Aufl. 2016., Wiesbaden, Deutschland: Springer Vieweg.

Nävy, Jens (2018): *Facility Management: Grundlagen, Informationstechnologie, Systemimplementierung, Anwendungsbeispiele*, 5. Aufl. 2018., Berlin, Deutschland: Springer.

Nidzwetzki, Jan Kristof (2016): *Entwicklung eines skalierbaren und verteilten Datenbanksystems: Auf Basis von Apache Cassandra und SECONDO (BestMasters)*, 1. Aufl. 2016., Wiesbaden, Deutschland: Springer Vieweg.

Preiß, Nikolai (2007): *Entwurf und Verarbeitung relationaler Datenbanken: eine durchgängige und praxisorientierte Vorgehensweise (Wirtschaftsinformatik kompakt)*, 1. Aufl., Oldenburg, Deutschland: Oldenburg Wissenschaftsverlag.

Riedel, Thomas (2020): *Skript: Datenbanken*, Münster

Saake, Gunter/Andreas Heuer/Kai-Uwe Sattler (2018): *Datenbanken: Konzepte und Sprachen (mitp Professional)*, 6. Aufl., Frechen, Deutschland: mitp Verlags GmbH & Co. KG.

Schicker, Edwin (2017): *Datenbanken und SQL: Eine praxisorientierte Einführung mit Anwendungen in Oracle, SQL Server und MySQL (Informatik & Praxis)*, 5., akt. u. erw. Aufl. 2017., Wiesbaden, Deutschland: Springer Vieweg.

Schneider, Markus (2013): *Implementierungskonzepte für Datenbanksysteme*, New York, Vereinigte Staaten: Springer Publishing.

Schubert, Matthias (2007): *Datenbanken: Theorie, Entwurf und Programmierung relationaler Datenbanken*, 2., überarb. Aufl. 2007., Wiesbaden, Deutschland: Vieweg+Teubner Verlag.

Steiner, René (2011): *Grundkurs Relationale Datenbanken: Einführung in die Praxis der Datenbankentwicklung für Ausbildung, Studium und IT-Beruf (German Edition)*, 7., überarb. u. akt. Aufl. 2009., Wiesbaden, Deutschland: Vieweg+Teubner Verlag.

Unland, Rainer/Günther Pernul (2014): *Datenbanken im Einsatz: Analyse, Modellbildung und Umsetzung*, 1. Aufl., Berlin, Deutschland: De Gruyter Oldenbourg.